Das findet ihr in diesem Heft

Menschen, Tiere, Pflanzen, Dinge

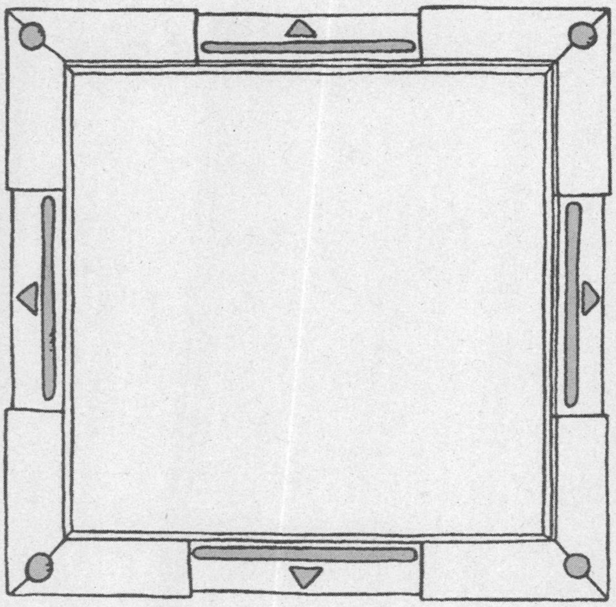

1. Male dein Gesicht in den Rahmen.

2. Schreibe deinen Namen.

Ich heiße …

Meine Freundin heißt …

Mein Freund heißt …

3. Schreibe in Schreibschrift.

4. Male eine Tischkarte für Jonas.

Opa	Oma	Mutter	Vater	Bruder	Schwester

1. Wer ist das? Ordne zu. ✏

Freundin Oma Mutter Opa

Bruder Vater Schwester Freund

hat d (3) — Bruder,

hat a (3)

endet auf er (4)

2. Welche Wörter findest du? ✏

die	der	das

Wörter für Tiere

Wörter für Pflanzen

Wörter für Gegenstände

der Baum	das Gras	der Hund
die Brille	die Katze	die Blume
der Ball	das Auto	der Vogel

1. Wie heißt das Haus? ✏

2. Findest du für jedes Wort seinen Platz? ✏

Es ist aus Papier.
Du schreibst darin. das

Sie ist ein Tier.
Sie fängt Mäuse.

Er ist rund und weich.
Wir spielen damit.

Sie ist ein Tier.
Sie schwimmt im Wasser.

Er fährt auf der Straße.
Viele Leute sitzen darin.

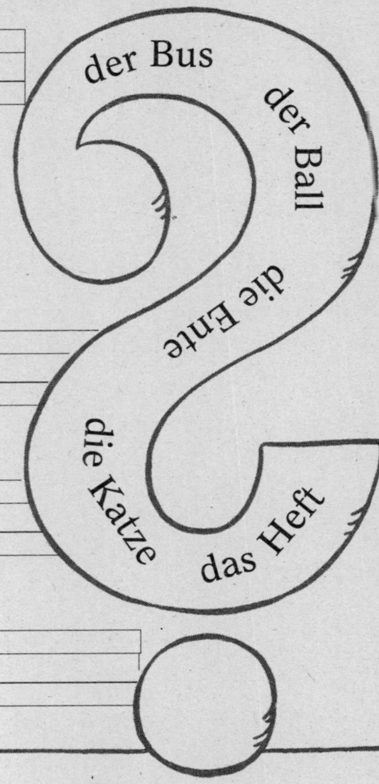

1. Kannst du die Rätsel lösen? ✏

☆ Erfinde auch ein Rätsel. ✏

Ich
Meine Mutter
Meine Schwester
Mein Opa
Meine Tante

will

eine Ente haben.
eine Katze haben.
eine Maus haben.
ein Nilpferd haben.
einen Hund haben.

2. Bilde drei Sätze. ✏

Fisch

Tulpe

Uhr

Baum

Roller

Brief

Ein Würfelspiel mit

Lampe

Rose

Bett

☺☺ Würfle und rücke vor. Gehört das Wort zu den Wörtern für Menschen oder Tiere oder Pflanzen oder Gegenstände? Zeige und kontrolliere.

Frau

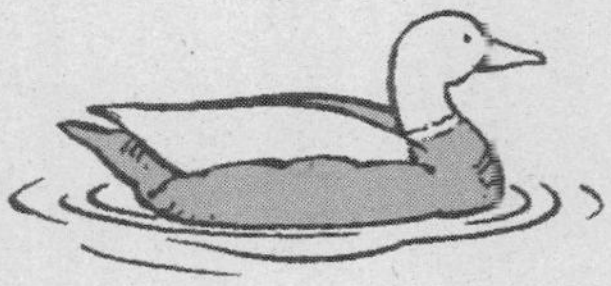

Heft

Ring

Wörter für **Gegenstände**:

Ball Bett Brief Buch Heft Lampe
Ring Roller Uhr

Wörter für **Menschen**:

Bruder Frau Freundin Mann Onkel

Wörter für **Tiere**:

Bär Ente Fisch Hund

Wörter für **Pflanzen**:

Baum Rose Tulpe

Bruder

Bär

Mann

Freundin

Onkel

Lege einen Spielstein auf das Feld.
Wenn alle Felder belegt sind, ist das Spiel zu Ende.

Augen auf — Augen zu

eine Lampe	ein Brief	ein Ring	ein Heft	eine Schere
ein Buch	ein Bett	ein Auto	ein Roller	

1. Was siehst du?
   Kreise die Wörter ein, und schreibe sie auf.

☆ Schau dir die Dinge genau an. Decke das Bild ab.
Weißt du noch alle acht Gegenstände?

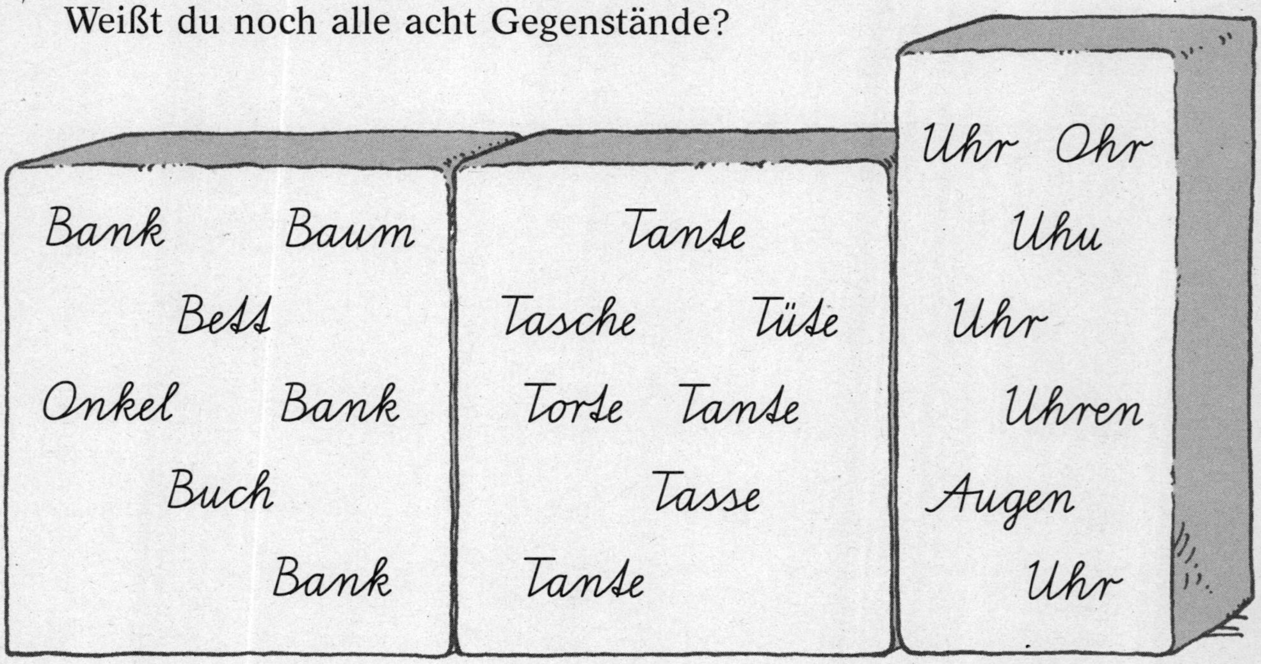

2. In jedem Kasten sind drei Wörter genau gleich. Schreibe sie nach.

● Brief | ■ Buch | ● Hund | ▲ Blume

■ Hemd | ■ Ei

● Ring | ▲ Lampe | ▲ Torte | ● Bus

▲ Schule | ● Mann | ■ Bett

▲ Puppe

▲ Uhr | ● Freund | ■ Kind | ■ Haus | ● Fisch

▲ Frau | ▲ Hand | ▲ Tante | ■ Heft | ● Rock

● der

▲ die

■ das

1. Ein Kind tippt auf eine Wortkarte und liest das Wort vor: ● Bus
   Das andere Kind sagt den Artikel dazu: der Bus
   Überprüft gemeinsam.

Onkel Geld Fenster

Ente Roller Bank

● der ______________________

▲ die ______________________

■ das ______________________

2. Ordne zu. ✏

Was wir gerne tun

schreiben	kochen	rechnen	spielen	malen	lachen

1. Was macht Jonas gerne? Ordne zu. ✏

kocht bäckt schwimmt turnt rechnet schreibt

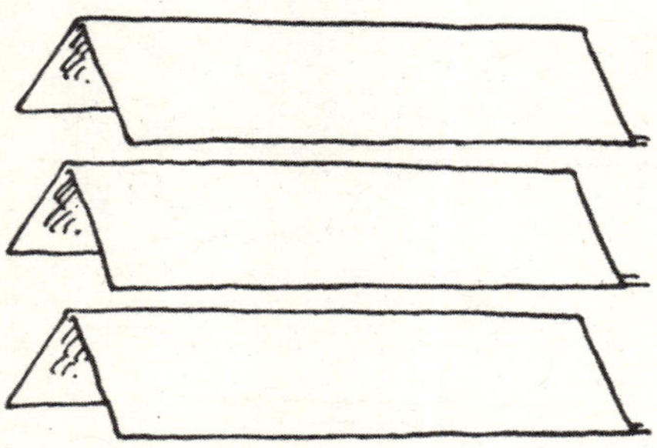

und gern.

und oft.

und gut.

2. Schreibe Namen auf die Karten. ✏

3. Würfle. Wohin paßt dein Wort? ✏

☺☺ Lest euch die Sätze vor.

Meine Freundin	zählt	gern.
Meine Schwester	badet	oft.
Mein Hamster	turnt	mit mir.
Mein Hund	schreibt	gut.
Mein Bruder	bäckt	schön.
Mein Freund	spielt	immer.

Meine

1. Bilde Sätze aus dem Wörterschloß.
2. Vergiß den Punkt am Ende des Satzes nicht. ✏

☆ Und was macht die Schloßkatze gern?

Von Tieren erzählen

1. Schreibe die Sätze auf.

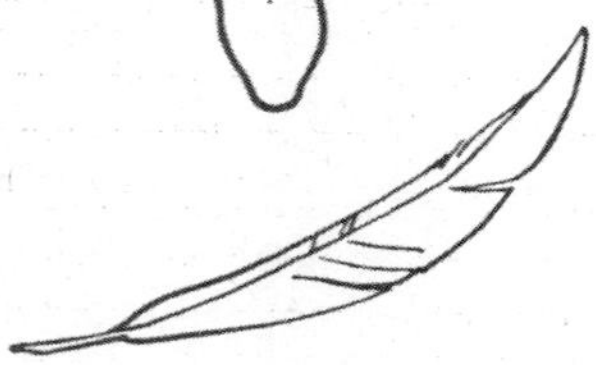

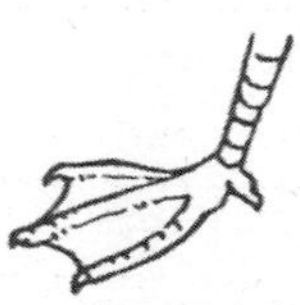

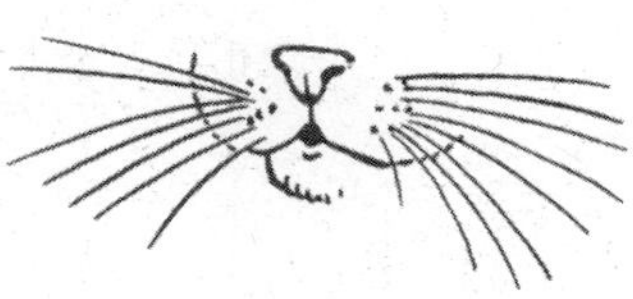

1. Lies ein Wort. Sprich dazu: „fliegen mit ie."
   Fahre das Wort farbig nach. ✏

Silke hat einen Hund.	Er fliegt auf die Hand.
Die Kinder haben einen Hasen.	Sie spielen oft mit ihm.
Mein Bruder hat einen Vogel.	Sie legt ihm Fleisch hin.

2. Welche Sätze passen zusammen? ✏

Silke

Möchtest du mal fahren?

Waldi, bleib stehen!

Guck mal, mein neues Fahrrad!

Halt!

Du mußt draußen bleiben!

Darf ich mal fahren?

Oh, hast du ein tolles Rad!

Da darfst du nicht hinein.

1. Was paßt in die Sprechblasen? Wähle aus. ✏

1. Welches Tier ist das? ✏

Mein Tier heißt Pepi
es ist ein Hase
Pepi hüpft gern
er frißt am liebsten
Karotten

Mein Hund heißt Wuschel
ich mag ihn gern
er kann schnell rennen
ich spiele oft mit ihm

Meine Tante hat Enten
Sie zeigt mir die jungen
Enten das erzähle ich
dann meiner Freundin

Mein Opa hat
eine Katze sie ist
schwarz die Katze läuft
mir immer nach sie hat
noch keinen Namen

2. Setze die fehlenden Punkte ein.
   Schreibe den Buchstaben am Satzanfang groß. ✏

3. Male die Tiere dazu. ✏

Mein Wörter-Abc

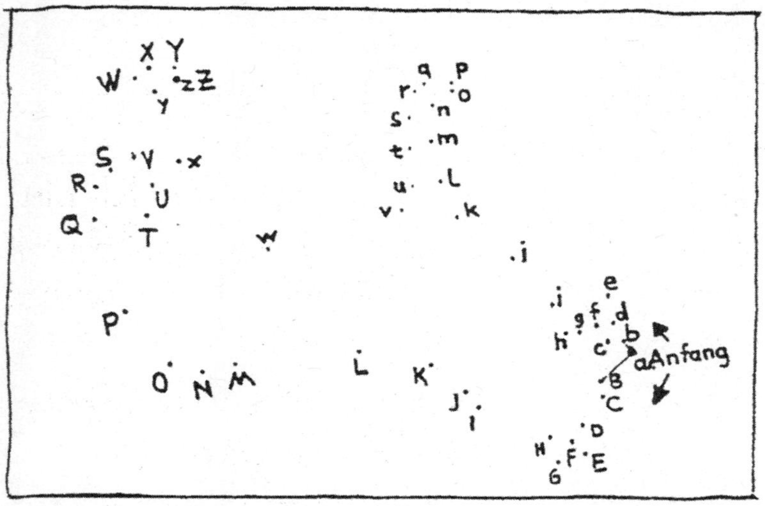

1. Welches Tier versteckt sich hier? Verbinde die Buchstaben nach dem Abc.

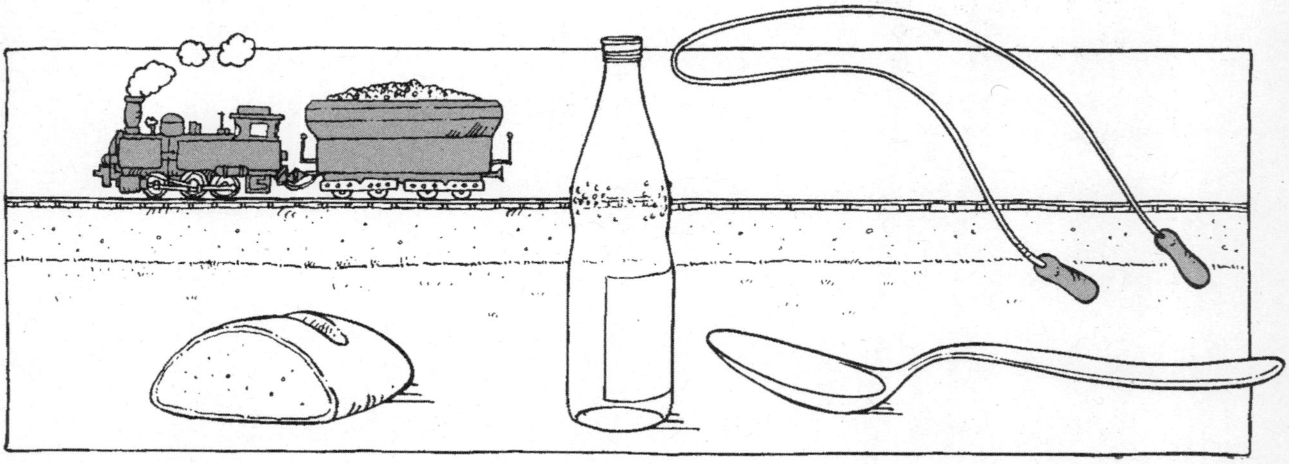

2. Ordne diese Wörter nach dem Abc.

3. Ergänze die fehlenden Buchstaben.

APFEL
BROT
JONAS
MESSER
PUPPE
SAND
SCHERE
TASSE
TORTE

1. Löse das Kreuzworträtsel.

2. Welches Tier ist das?
Du findest es auf dieser Seite.

☆ Verschlüßle selbst ein Wort.

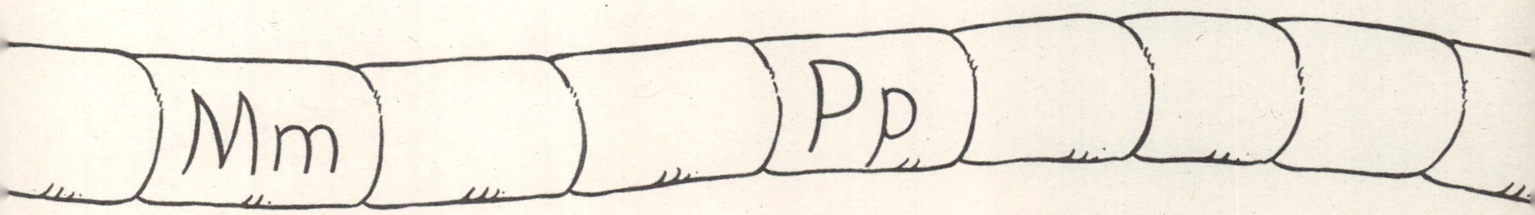

Unser Drachen

Mein ___ bringt seinen ___ mit.

Wir wollen ihn steigen lassen. Wir gehen auf den ___. Der ___ bläst.

Der ___ fliegt hoch bis in die ___.

Berg

Freund

Drachen

Wind

Wolken

1. Male die fehlenden Bilder hinein.
2. Schreibe die Sätze ab.
   Denke an die Schritte:

1. Schritt	2. Schritt	3. Schritt	4. Schritt
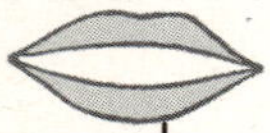		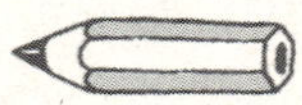	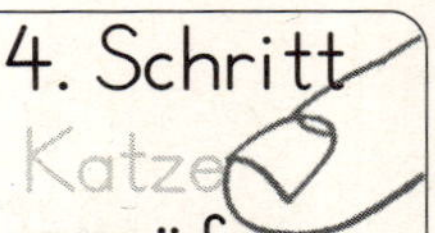
sprechen	merken	schreiben	prüfen

Mein Freund

B_nane Z_trone H_nig

B_rne M_rmelade

S_lat N_deln Br_t

1. Ergänze die Selbstlaute.
2. Was ißt du davon besonders gern?

B_ch	Nudeln	B_rg	T_nne	W_nd	P_ppe
Buch	N_deln	B_rg	T_nne	W_nd	P_ppe

3. Du kannst immer zwei Wörter zaubern.
   Trage die Selbstlaute ein.

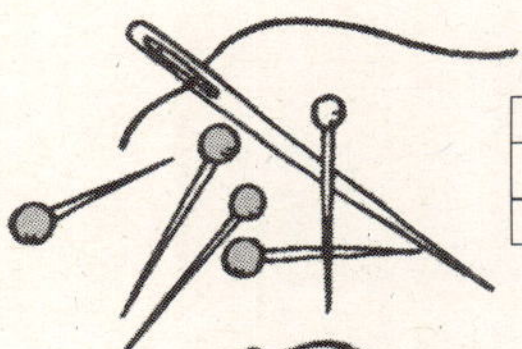

4. Welches Wort paßt zum Bild?

Freunde

Mein Freund spricht mit mir über seine Wünsche.
Mein Freund steigt mit mir auf den Berg.
Meine Freundin geht mit mir in die Stadt.
Meine Freundin springt mit mir Seil.

1. Schreibe die Sätze zu den Bildern. ✏

drei

die Steine

die Spiegel

die Sterne

die Stifte

die Straßen

die Spiele

1. Zwei oder drei?
   Schreibe die Wörter zu den Bildern. ✏

2. Fahre bei jedem Wort **St** oder **Sp** farbig nach. ✏

Endlich kommt der Bus,

und wir können ______ .

Vor dem Zoo müssen

dann alle ______ .

Die Ampel ist rot.

Alle Radfahrer müssen

______ .

3. Setze ein passendes Wort ein. ✏

☆ Suche weitere Wörter mit ab, ein, aus.

Nikolaus und Weihnachten

 Haselnüsse  Mandarinen

 Pfefferkuchen  Schokolade

1. Mache ein Silbenrätsel.
   Sprich und klatsche zuerst das Wort.
   Schreibe dann die Silben in die Formen. ✏

ausschneiden Lieder Weihnachten singen

Sterne Nikolaus anzünden basteln

malen feiern Kerzen Bilder

2. Was paßt zusammen? ✏

Wünsche-Tafel			
Pi	ten	Mär	kof
Ei	tor	ten	bahn
Schlit	ra	buch	chen
Dok	fer	sen	schiff

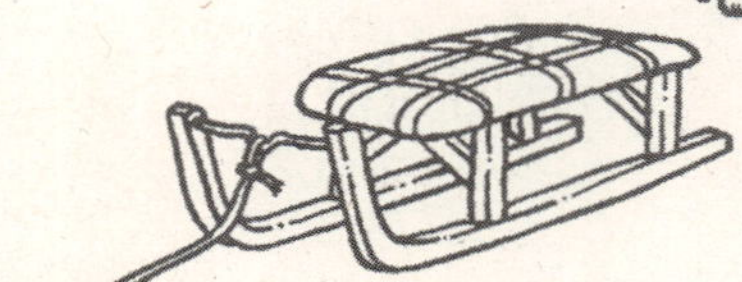
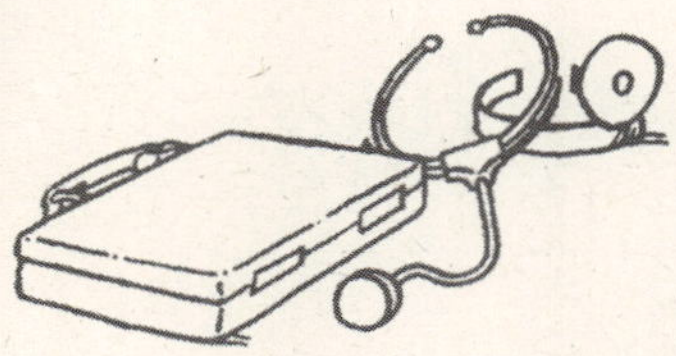

1. Tippe die Wünsche auf der Wünschetafel.

☆ Male deine Wünschetafel.

Alle freuen sich auf Weihnachten. Wir zünden heute Kerzen an.
In der Klasse singen wir Lieder. Die Kinder wollen einen
Nikolaus basteln. Alle schneiden Sterne aus.

2. Schreibe ab, und ersetze die Wörter mit durch Bilder.

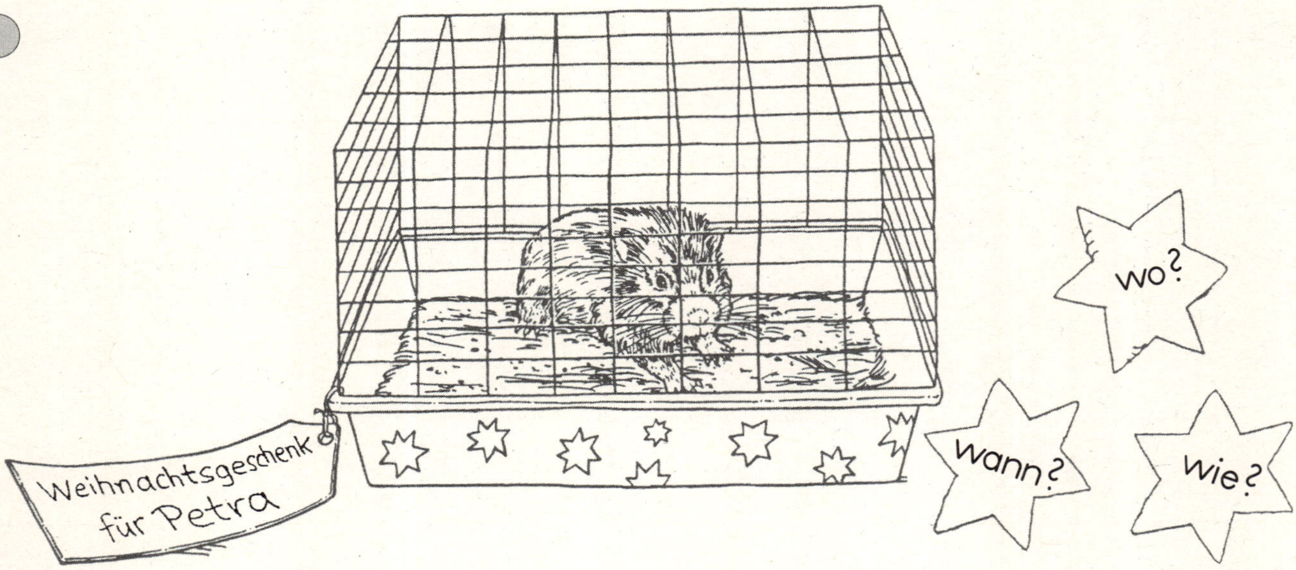

W soll mein Meerschweinchen heißen?

W frißt es?

W schläft es?

W kommen Meerschweinchen her?

W versorgt es, wenn wir weg sind?

W sind Meerschweinchen so beliebt?

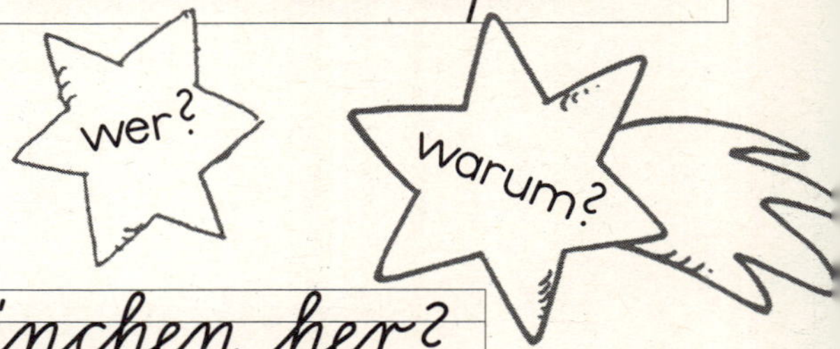

1. Setze bei jeder Frage ein passendes Fragewort ein. ✏
2. Fahre das Fragezeichen farbig nach. ✏

r	l	m	o	w	a	s	z	t
v	w	a	n	n	l	o	t	m
l	b	o	z	t	w	e	r	i
m	z	w	o	l	s	m	a	b
s	b	r	u	w	i	e	d	u
z	s	s	w	a	r	u	m	b

3. Findest du die sechs Fragewörter? ✏

☆ Schreibe mit jedem Fragewort eine Frage zu deinem Weihnachtsgeschenk.

Gefällt dir das Buch?	Ja, Bücher von Astrid Lindgren mag ich besonders gern.
Welches Buch von ihr kennst du denn schon?	Ich habe die Bücher von Michel gelesen.
Darf ich das Buch dann auch lesen?	Gern, wenn ich es fertig gelesen habe.
Bekomme ich den zweiten Band zum Geburtstag?	Vielleicht.

1. Lies alle vier Fragen,
   und fahre die Fragezeichen farbig nach. ✏

☺☺ Ein Kind stellt die Frage, das andere Kind liest die Antwort. Wiederholt, und wechselt euch ab.

Warum muß ich schon ins Bett?	Ich möchte gern eine Katze haben.
Was wünschst du dir zu Weihnachten?	Weil es schon sehr spät ist.
Wer schmückt den Baum?	Ja, ich kann gleich zu dir kommen.
Wann sind Ferien?	Ich.
Hast du eine Stunde Zeit für mich?	Morgen fangen die Ferien an.

2. Ordne jeder Frage eine passende Antwort zu.

Viele Tage hat das Jahr

Montag

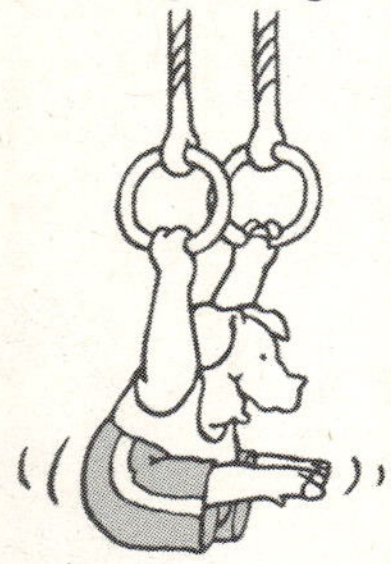

Dienstag

Mittwoch

Donnerstag

Freitag

Sonnabend

Sonntag

Am ______ schläft Jonas.

Am ______ ißt Jonas Torte.

Jonas geht am ______ einkaufen.

Am ______ packt Jonas die Badehose ein.

In die Badewanne geht Jonas am ______.

Seine Turnsachen nimmt er am ______ mit.

Und was macht er am Donnerstag?

Am ______

1. Setze die passenden Wochentage ein. ✏

☆ Male oder schreibe: *Meine Woche*

M■ntag  Do■■erstag 

So■■tag 

Mi■■woch  Dien■tag 

F■eitag 

Würstchen
Fischstäbchen
Kartoffeln
Eis
Suppe
Äpfel

1. Setze die fehlenden Buchstaben ein. ✏

2. Was gibt es an diesen Tagen zu essen? ✏

Am Montag gibt es

Am

uns - Woche - kaufen

Für diese ______ *wir* ______ :

 *und*

3. Setze die passenden Wörter ein. ✏

[1] Januar ☐ März ☐ April

☐ Mai ☐ Juli

☐ August

☐ September ☐ November ☐ Oktober

☐ Februar ☐ Juni ☐ Dezember

1. Trage die passenden Zahlen ein.

2. Welcher Monat paßt zu den Bildern?

Fahne		Fahne	
uar	Januar	vem	
to		ai	
bru		gust	
Ju		pril	
zem		ber	

3. Suche zu jeder Fahne einen Monatsnamen.

Das Jahr
Es war eine Mutter,
die hatte vier Kinder,
den Frühling, den Sommer,
den Herbst und den Winter.

1. Gestalte den Vers
als Schmuckblatt.

Frühling

Sommer

Herbst

Winter

2. Ordne die passenden Monate zu.

Winter

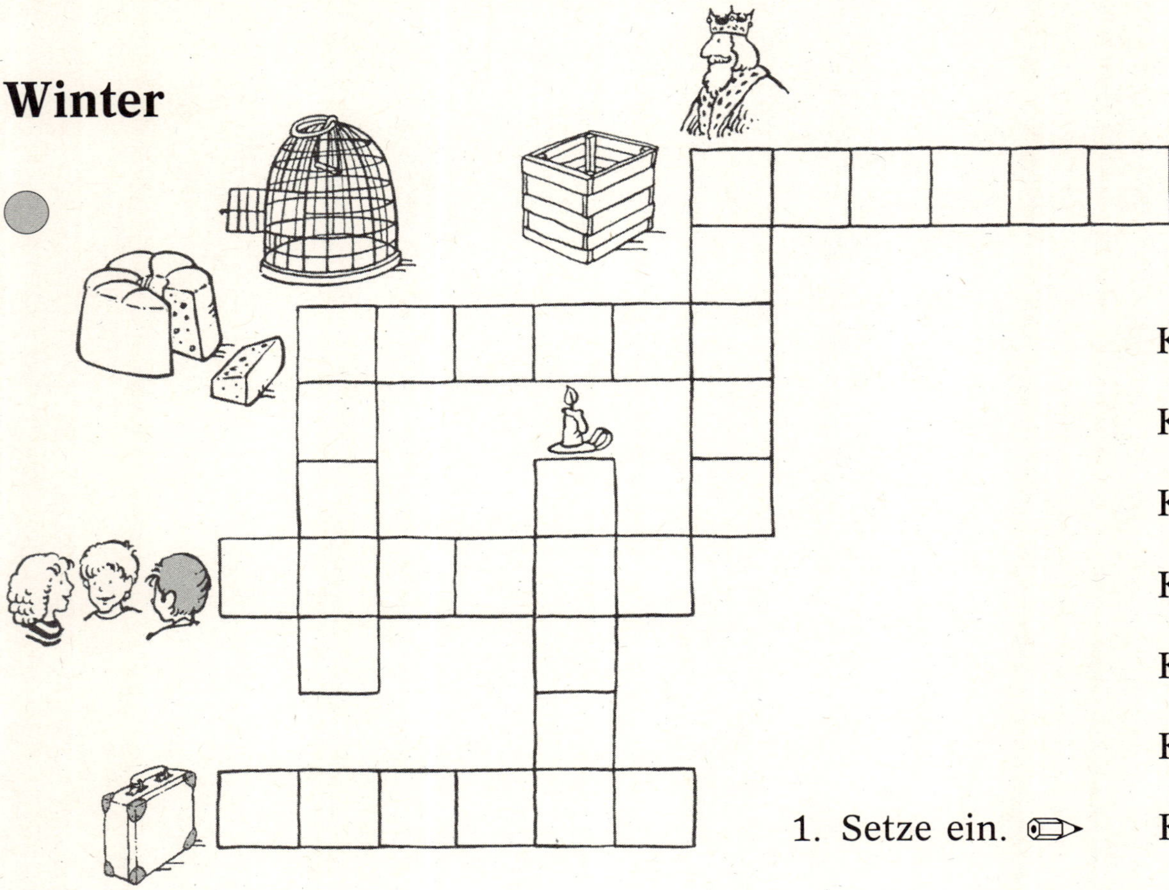

KASTEN

KÖNIG

KUCHEN

KÄFIG

KINDER

KERZE

KOFFER

1. Setze ein. ✏

☆ Male auch ein Bilderrätsel mit
BALL BANANE BERG BLUME BUCH. Wer kann es lösen?

Adjektiv	Nomen	
bunt	Bild Sand	ein
krank	Ring Kind	
weich	Stein Kissen	
heiß	Suppe Schnee	
langsam	Buch Schnecke	
spitz	Stift Tasse	

2. Welches Wort paßt?
Achtung! Du mußt die Adjektive am Ende verändern. ✏

voll – ______ 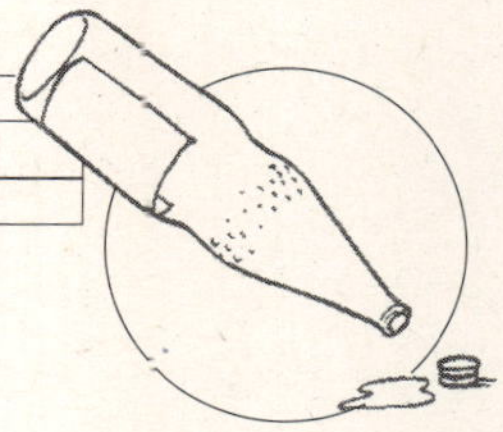 weich – ______

lang – ______ heiß – ______

hell – ______ langsam – ______

kalt	schnell	leer	hart	kurz	dunkel

1. Findest du zu jedem Wort das Gegenteil?
2. Male Bilder in die Kreise.

Jonas hat

eine ______ Mütze,

zwei ______ Augen,

eine ______ Nase,

zwei ______ Ohren,

einen ______ Mantel,

zwei ______ Stiefel.

dick	klein	kalt	warm	groß	schwarz

3. Setze ein.

Sich verkleiden

Jonas zeichnet ein buntes Gesicht. Er setzt die Tüte auf den Kopf.

Jonas will eine Maske malen. Er holt eine Tüte und Stifte.

Die Kinder gehen aus dem Zimmer. Sie sagen: Das paßt zu Jonas!

1. Schreibe neben jedes Bild die passenden Sätze. ✏

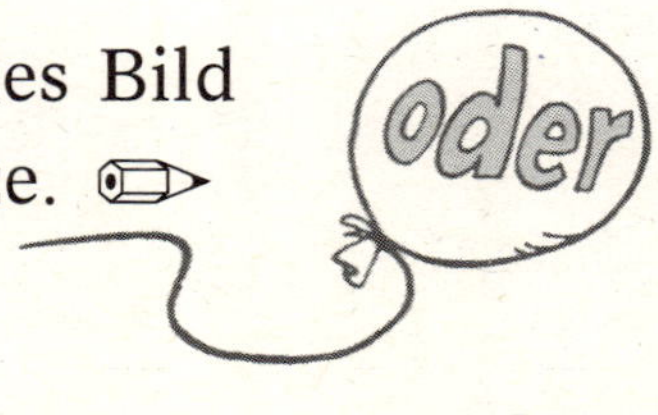

Schreibe eigene Sätze neben die Bilder. ✏

andrücken abfragen anfassen
ausschneiden einpacken ausfragen
absagen anpassen abzeichnen

1. Wo haben sich ab, an, aus, ein versteckt?
   Fahre die Wortbausteine farbig nach.

◯	apier	◯	üte	◯	opf
	ost		asse		lasse
	uppe		orte		offer

2. Welcher Buchstabe paßt in den Kreis: **K** oder **P** oder **T**?
3. Sprich die Wörter deutlich.
4. Ergänze, und schreibe das ganze Wort rot nach.

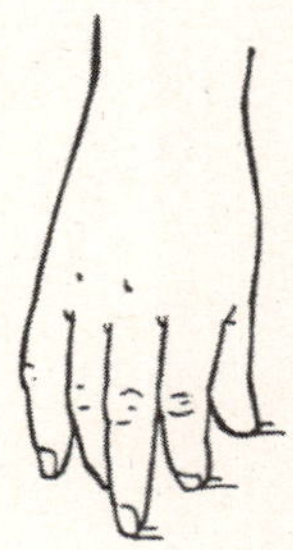

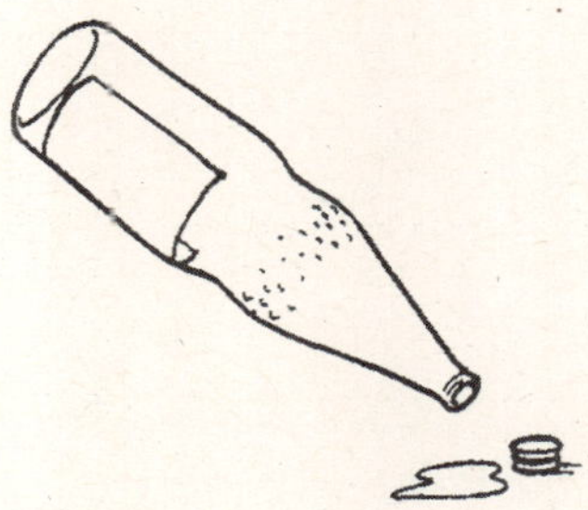

pa   es p   p

5. Schlage in der Wörterliste nach. Findest du alle Wörter?

Zaubern

Kästen Füße

Gläser Töpfe

Köpfe Tücher

 ein Fuß – viele 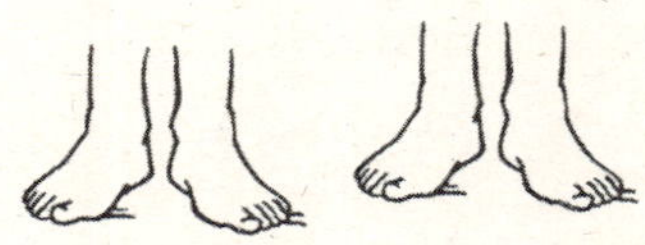

 ein Kopf 

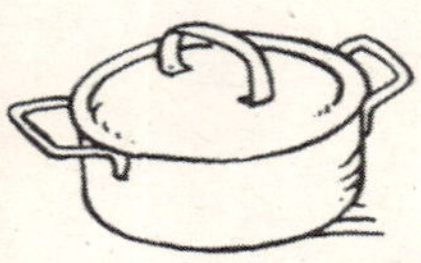 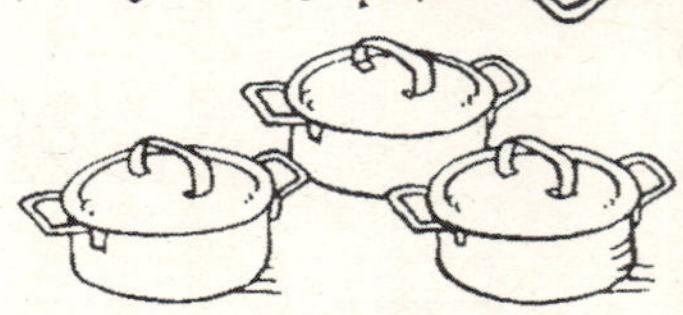

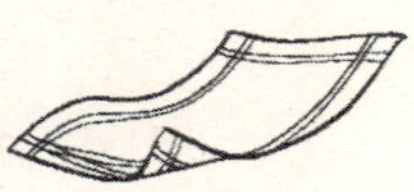 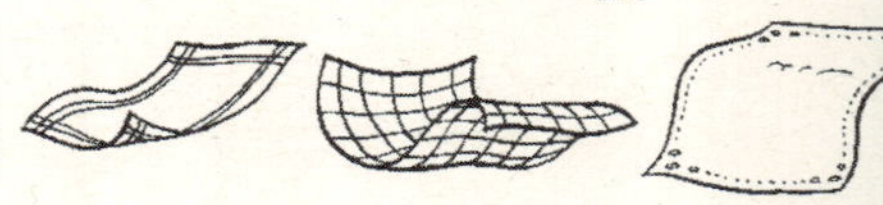

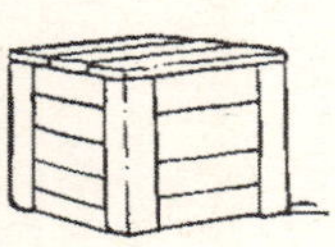 

1. Ergänze. ✏

Ich fahre früh los.

Jonas

Ich trage drei Tüten.

Jonas

Ich werde müde.

Ich laufe zum Käfig.

Ich falle hin.

1. Was macht Jonas?

Im Zoo gibt es junge B ren.
Sie springen und h pfen herum.
Der kleinste Bär bt fangen.
Er f ngt einen s ßen Apfel.
Dann f llt er hin.
Sein Bruder tr gt ihn
auf dem R cken
und tr stet ihn.

2. Setze **ä**, **ö**, **ü** ein.
Denke dabei an die beiden Pünktchen.

Was wir schon können

rennen	schwimmen	singen	stehen	rechnen
gehen	klettern	kochen	sehen	
malen	hüpfen	schreiben	hören	

auf einem Bein

ein Lied

eine Geschichte

auf einen Baum

schnell

Spaghetti

1. Kreise ein, was du gut kannst.
2. Welches Wort paßt?

Meine Mutter	kann	lange laufen.
Bello		gut hören.
Ich		gut sehen.
Unsere Katze		schnell rennen.

3. Bilde Sätze.
4. Schreibe zwei Sätze auf.

die Butter der Teller die Gruppe

der Keller rennen schwimmen

der Schlüssel klettern kommen

1. Sprich jedes Wort.
   Zeichne unter jedes Wort die Silbenbögen.

die Suppe

die Gr

die Kanne

die Klasse

der Keller

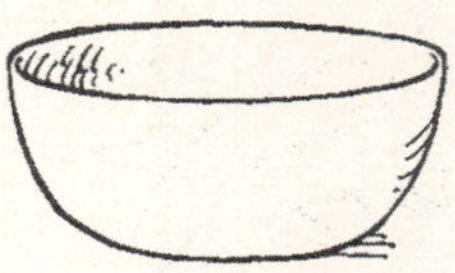

der Schlüssel

die

die Mutter

2. Wir reimen.

Wir rennen.	Wir sehen.	Wir fragen.
Jonas rennt	Jonas	Jonas
Wir klettern.	**Wir hören.**	**Wir stehen.**
Jonas	Jonas	Jonas

3. Was wir können, kann Jonas auch.

Ostern

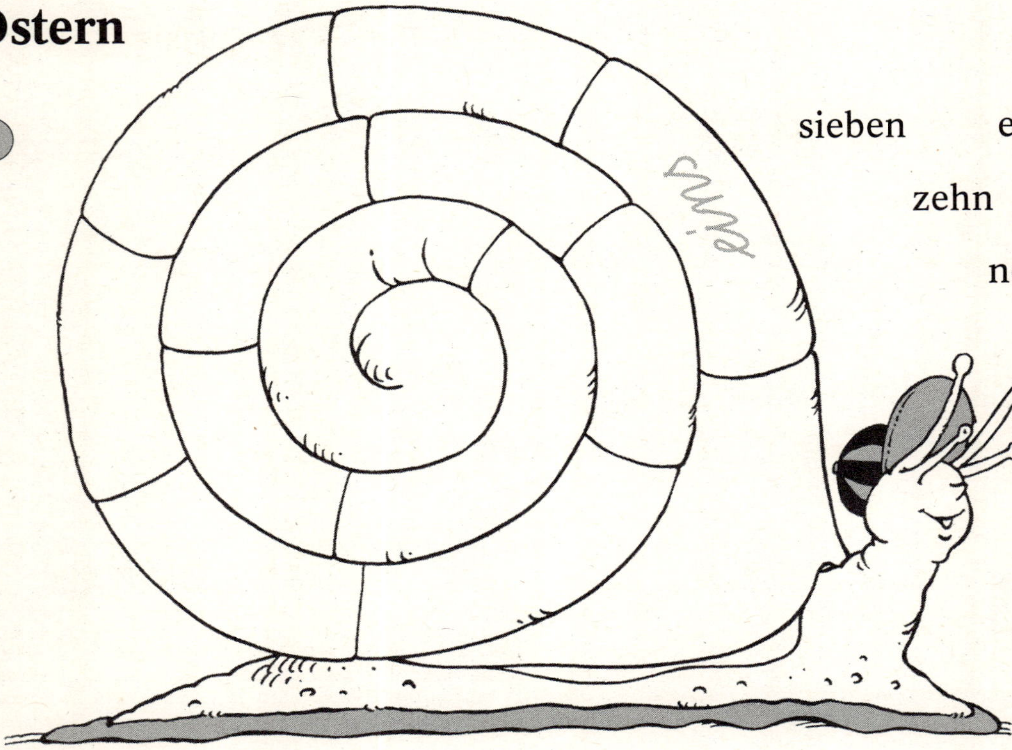

sieben eins elf

zehn vier zwei

neun zwölf

drei fünf

acht

sechs

1. Schreibe die Wörter für die Zahlen in die Zahlenschnecke. ✏

2. Lies die Wörter in der Raupe. Wie viele Farbwörter findest du?
3. Schreibe die Wörter farbig nach. ✏

das	Meer	die	Wiese
die	Tomate	die	Bluse
der	Briefkasten	die	Schuhe

4. Was paßt? Setze Wörter aus der Raupe ein. ✏

Oma legt ein Ei ins Nest ____.

Kai holt ein Ei aus dem Nest ____.

Die Tür geht auf. Wer kommt ____?

Jonas! Er findet ein Ei und läuft ____

wieder ____.

1. Setze die passenden Wörter ein. ✏

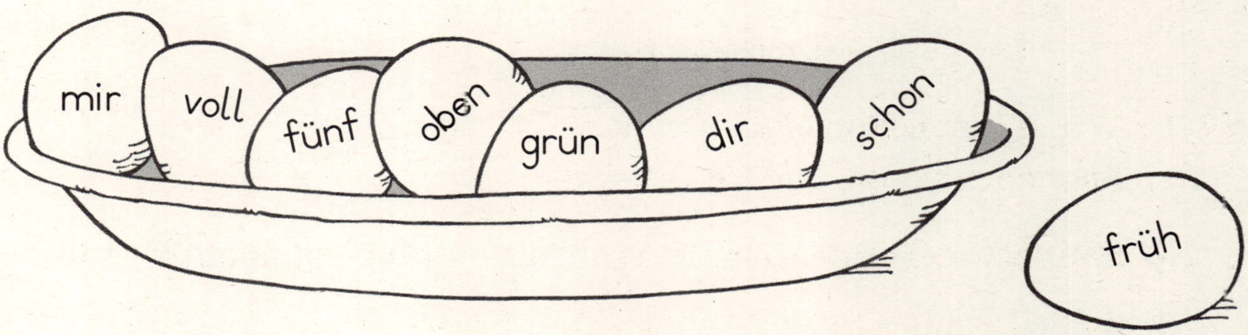

hat i (2) ____

hat o (3) ____

hat ü (3) ____

2. Ordne zu. ✏

☺☺ Ein Kind nennt ein Wort, das andere sagt einen Satz dazu.

Es grünt und blüht

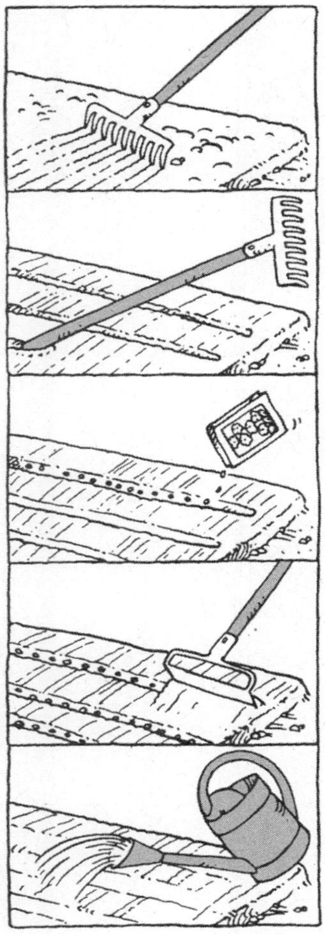

Beet

jeden Tag gießen

Rillen ziehen

Beet sorgfältig rechen

Samen in die Rillen säen

mit feiner Erde bedecken

1. Wie sät man Ringelblumen aus?
   Schreibe zu den Bildern.

Sät nach der Anleitung im Schulgarten Ringelblumen aus.

Jonas sät.

Er

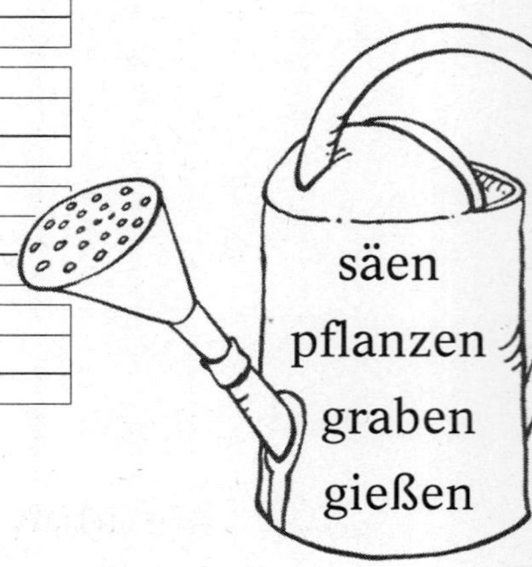

2. Auch Jonas hilft mit.

1. Welche Silben gehören zusammen?
2. Lies die Wörter, und klatsche die Silben.

Das wird besser.
Wir arbeiten jeden Tag im .
Wir stecken Blumenzwiebeln
und setzen .
Bald blühen bunte .
Sie brauchen viel und .

3. Lies den Text, und setze die Wörter ein.

In diesem Monat beginnt der Frühling:

Das Wetter macht in diesem Monat, was es will:

In diesem Monat schlagen die Bäume aus:

4. Welcher Monat ist gemeint – April, Mai, März?

Gib acht auf der Straße!

Mein Freund Olaf besucht mich heute.
Ich stehe an der Straße
und warte auf ihn.
Ich schaue nach links und nach rechts.
Schon kommt der Bus.

1. Lies den ganzen Text.
2. Lies einen Satz. Decke den Text ab.
   Schreibe den Satz auf. Überprüfe.

Freund	schnell	besuchen	weit
rot	Kreuzung	Straße	
Freude	bleiben	dürfen	
warten	grün	Ampel	

3. Die Wörter gehören zu den drei Wortarten. Wie heißen sie?
4. Schreibe die Wörter in den Farben für die Wortarten nach.
5. Verbinde die Wörter einer Farbe.

bleib	stecke	schau	besuche	setze	springe	gieße	schneide
gib	warte	pflanze	arbeite	rechne	schreibe	lege	grabe

1. Suche dir für jedes Feld ein Wort aus, und trage es ein. ✏

☺☺☺ Bingo können drei oder mehr Kinder spielen.
Ein Kind ist Spielleiter/Spielleiterin.

Spielregel:
Der Spielleiter/die Spielleiterin liest ein Wort vor.
Jedes Kind sucht dieses Wort auf seinem Plan
und legt einen Spielstein auf das Feld.
Wer zuerst eine Reihe (vier Wörter)
von oben nach unten oder von links nach rechts
gelegt hat, ruft

und wird Spielleiter/Spielleiterin
für die nächste Runde.

Geburtstag

Martina feiert im Juli ihren  .

Sie will im 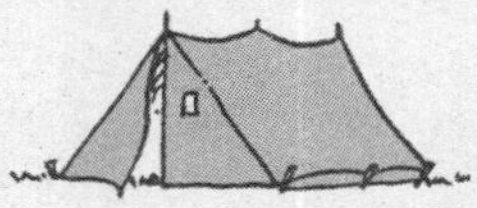 feiern.

Sie hat drei  eingeladen.

Im Zelt wollen sie  trinken

und  essen.

1. Schreibe den Text ab.
2. Was würdest du Martina schenken?

3. Wie folgen die Monate aufeinander?

Geburtstagsvorbereitung

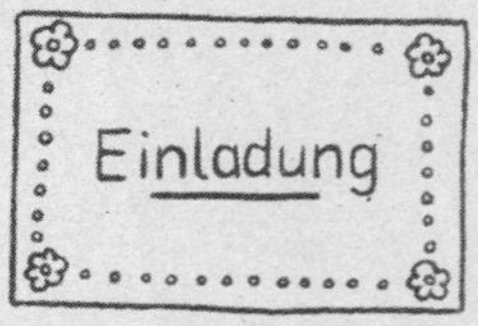

Freunde einladen

Ich

Kuchen einkaufen

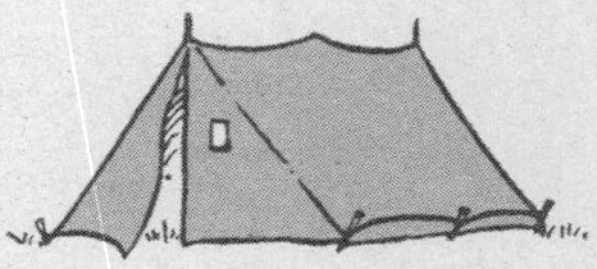

Zelt einpacken

Saft einschenken

1. Setze Namen oder **Ich** ein, und schreibe Sätze. ✏

Liebe Martina,
ich wünsche D alles Gute
zu Geburtstag.
Ich lade zu einem Besuch
im Zoo ein. Freust
schon? Opa

2. Setze in den Brief **Dein**, **Dir**, **Deinem**, **Du**, **Dich** ein. ✏

Was ziehst du gerne an?

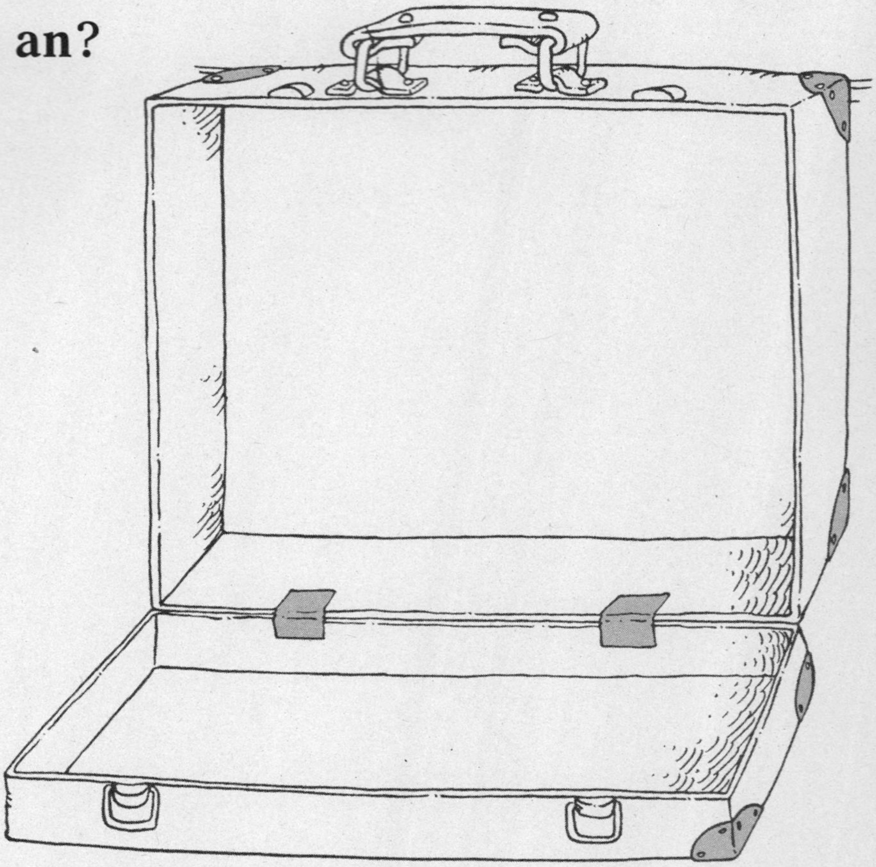

Jonas geht auf Reisen.

In seinem Koffer sind
eine dicke Jacke,
ein buntes Hemd,
eine warme Mütze.

Er packt noch
einen warmen Pulli,
einen langen Schal,
eine kurze Hose und
zwei große Schuhe ein.

1. Male, was Jonas in seinem Koffer hat.

Packe einen Koffer für eine Reise in den Süden.

2. Armer Jonas! Was hat er nur auf seine Reise in den Süden mitgenommen?

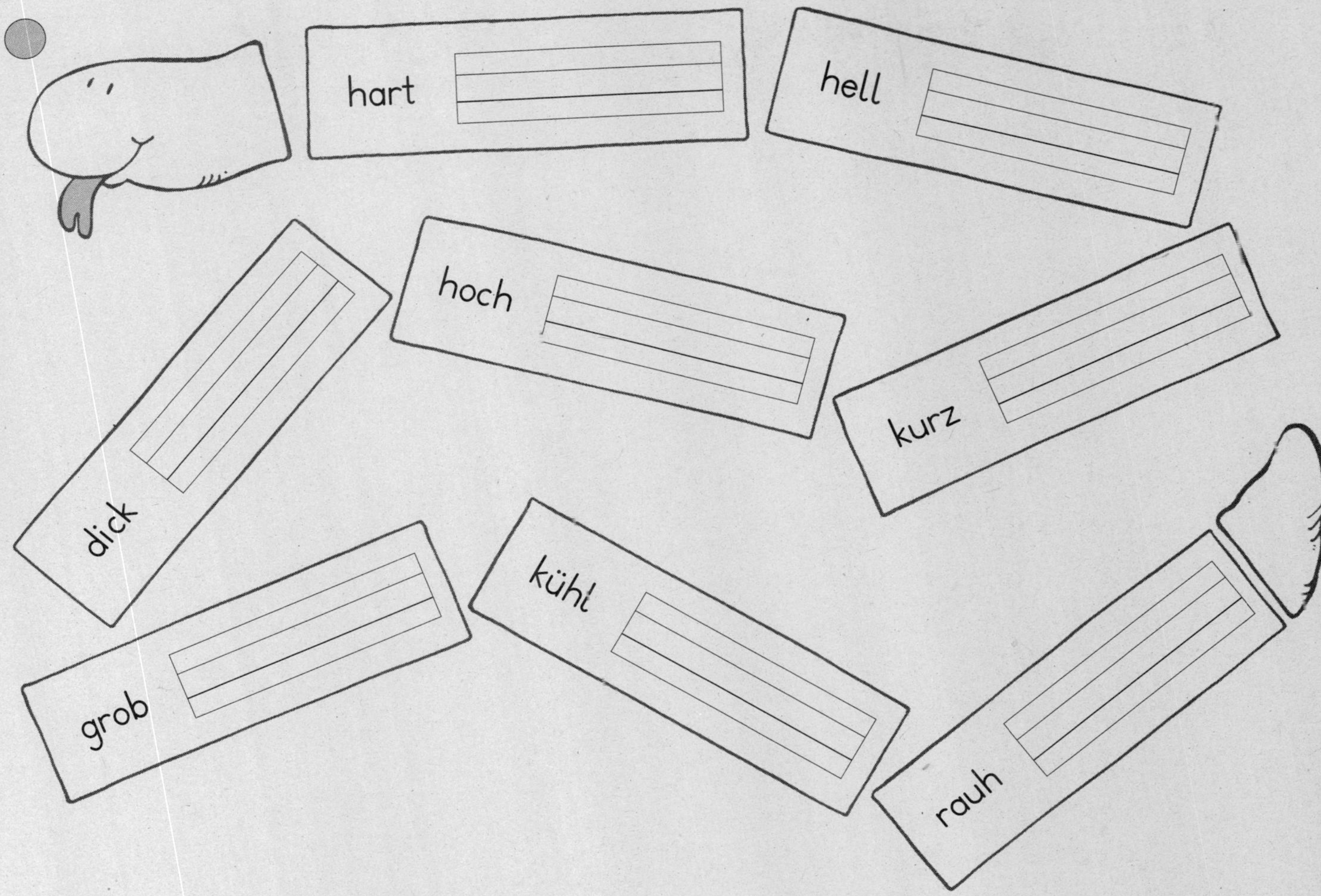

warm	lang	dunkel	weich	glatt	tief	dünn	fein

1. Ergänze die Gegensatzpaare. ✏

lang / kurz	hell / dunkel
eine Hose	ein Kleid
glatt / rauh	**dick / dünn**
ein Pulli	ein Hemd
rot / schwarz	**grob / fein**
ein Rock	eine Jacke

2. Was ist dir lieber? Wähle aus. ✏

Kreuz und quer durch die Wörterliste

1

Schlage den Buchstaben M auf.

Zeige auf **Mai**, **März**, **Mittwoch**.

2

Suche das Wort **Apfel**.
Wie heißt sein Artikel?
Nenne die Mehrzahl von **Apfel**.

3

Schreibe drei Wörter mit J oder j aus der Wörterliste auf.

4

Schlage den Buchstaben P auf.
Wie heißt das erste und das letzte Wort?

5

Schlage den Buchstaben S auf.
Lies alle Wörter mit **St** oder **st** am Wortanfang laut vor.

6

Schlage den Buchstaben H auf.
Welches Wort willst du dir besonders merken?

7

Schlage den Buchstaben R auf.
Welche Wörter haben **ck**?

☺☺ Stellt euch gegenseitig Suchaufgaben zur Wörterliste.